LA MONARCHIE CONSTITUTIONNELLE

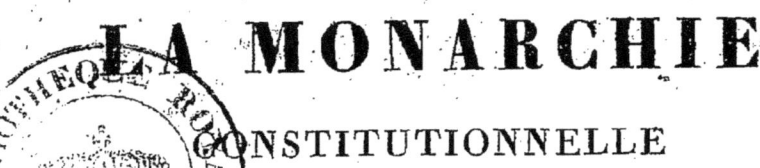

ET

LA RÉPUBLIQUE,

OU LES

AVANTAGES DU GOUVERNEMENT REPRÉSENTATIF.

O navis! in mare referent te novi fluctus... ó quid agis? fortiter occupa portum....

Le vaisseau de l'État va donc être livré à de nouveaux orages! ah! que faites-vous! Vous êtes au port; tenez-y ferme! (Hor., l. Ier, ode 14.)

Nihil est enim exitiosius civitatibus, nihil tam contrarium juri et legibus, nihil minus civile et humanum, quam, compositâ et constitutâ republicâ, quidquam agi per vim.

Rien de plus pernicieux pour les États, rien de plus contraire à la justice et aux lois, plus au-dessous de la civilisation et de l'humanité, que de faire appel à la force, lorsque la chose publique est pleinement organisée et constituée. (Cicéron, *de legibus*, l. III, §. 18.)

CHEZ TOUS LES LIBRAIRES DE NOUVEAUTÉS.

MAI 1834.

LA MONARCHIE

CONSTITUTIONNELLE

ET

LA RÉPUBLIQUE,

OU

LES AVANTAGES DU GOUVERNEMENT REPRÉSENTATIF.

———◦◦———

Un Gouvernement parfait est impossible sur la terre; il supposerait une société d'hommes parfaits. Les institutions sociales doivent donc être analogues à la faiblesse de notre nature. C'est à l'expérience à nous indiquer celles qui sont susceptibles des moindres inconvéniens, et à nous désabuser de ces vaines et dangereuses théories que les leçons de l'histoire démentent à chaque pas. L'expérience est un appel en dernier ressort à la raison commune, au bon sens, *à cet esprit de tout le monde*, dans lequel l'Être suprême a mis le *gage* de notre *bonheur*.

Il apparaît à celui qui, libre des préjugés qui aveuglent et des passions qui égarent, cherche, dans l'innocence de ses intentions, la *vérité*. C'est alors qu'elle se manifeste à lui radieuse, irrésistible ; elle s'empare de ses convictions, et le dissident qu'elle ramène à ses doctrines, loin d'y voir un échec pour son amour-propre, regrette lui-même de n'avoir pas reconnu plus tôt cette lumière pure qui vient éclairer sa conscience.

Dans toutes les questions politiques, c'est la *conscience* qui doit en être l'arbitre souverain ; et sans la *morale,* expression de la *conscience,* et qui est antérieure à toutes les lois, il n'est point de garantie pour la société, devenue alors l'arène de toutes les passions brutales, et livrée en proie aux *roueries des plus habiles....*

En inspirant aux masses peu éclairées et à des esprits ardens, dont l'âge n'a pas mûri le jugement, le dégoût et la défiance des institutions dans lesquelles seules la France espère trouver son salut, des écrivains organes de ses plus cruels ennemis, agens des plus coupables ambitions, comprommettent chaque jour le sort de notre patrie et reculent l'avenir de gloire et de prospérité auquel elle est destinée. Ce sont ces at-

taques audacieuses contre l'ordre social, qu'un
bon Français doit se faire un devoir de repous-
ser. C'est dans cette circonstance que j'ose faire
entendre ma faible voix. Loin de moi la folle
vanité de prétendre apporter ici des *idées neuves.*
Ce que j'ai à dire se trouve dans les écrits des
publicistes. Ces réflexions sympathisent avec les
opinions de la grande majorité des Français,
avec celles de tout ce qu'il y a d'éclairé et de
libéral en Europe, avec tout ce qui est égale-
ment ennemi de l'absolutisme et de l'anarchie.
J'ai essayé de réunir en un seul faisceau les dif-
férens rayons de lumière qui m'ont frappé ;
heureux, si, en raisonnant mes convictions, j'ai
pu les faire partager à quelques-uns de mes con-
citoyens que des sophismes ont égarés ! plus
heureux encore, si elles ont pu faire tomber
de leurs mains les armes parricides, avec lesquelles ils s'apprêtaient à déchirer leur patrie !
Par quelle étrange fatalité, après quarante-
cinq ans de révolutions, de guerres civiles et
étrangères, de discussions lumineuses, et surtout
de douloureuses et sanglantes épreuves, en se-
rions-nous encore en France à délibérer entre
la monarchie constitutionnelle et la république !
ou plutôt, comment peut-il être des esprits assez

obstinés ou assez aveugles, pour remettre en question ce que l'immense majorité des Français a accueilli, approuvé, ce qui est désormais un fait consommé, irrévocable !

Deux partis ont déclaré la guerre à la monarchie constitutionnelle de Juillet.

Les légitimistes, race exotique, qui n'a pu prendre racine en France, même à la faveur de deux invasions. Le sol du pays lui est contraire, l'air étranger seul lui convient. Les paroles, les œuvres des légitimistes sont jugés. Ils sont tellement discrédités, qu'ils se sont faits les auxiliaires de la république... ils ne la craignent point, parce qu'ils rêvent en elle une transition au règne qu'ils attendent... rougissant toutefois d'avouer une alliance si peu naturelle et si précaire ! Ils n'appartiennent plus désormais qu'à l'histoire....

L'autre parti est celui des *républicains*... Est-il donc beaucoup de *vrais républicains* en *France ?* Cette question me rappelle ce que *Montaigne* dit, dans ses Essais, des *guerres de religion* qu'il avait vues ; que, si l'on avait voulu réunir dans les deux partis les hommes *véritablement occupés des intérêts de la religion*, on n'en aurait pu trouver de quoi former une seule compagnie...

Trouverait-on en France un plus grand nombre de *vrais républicains*, et serait-ce avec un si petit nombre d'*élus*, qu'on établirait, avec quelque espoir de vitalité, une *république* sur un territoire habité par trente millions d'hommes? Ceux toutefois qui en prennent le nom, sont plus nombreux... Minorité néanmoins très-faible, mais téméraire, entreprenante, cherchant à imposer aux masses par le masque d'un patriotisme exagéré, à jeter des méfiances, à tenir le pays en haleine par ses menées infatigables, habile à tirer parti de toutes les chances pour calomnier l'administration, pour l'embarrasser, à verser le venin de leur haine sur les citoyens les plus honorables, sur les plus illustres notabilités. Ce parti abuse, pour conspirer, de l'indulgence philanthropique qui a modifié le Code criminel. Il s'en fait une arme dangereuse contre la société, et lorsque la loi, grâce à l'influence de l'opinion publique, épargne le sang, ces républicains proclament hautement leur intention de renverser le Gouvernement, d'en changer la forme; ils annoncent d'avance qu'ils livreront bataille... ils prennent l'horrible initiative de la guerre civile.... et le sang coule! *La voilà donc à l'œuvre*, la république; déployant dans nos cités épouvantées ses deux sinistres drapeaux, emblêmes de carnage et de mort.... C'est ainsi qu'ils proclament leurs doctrines, qu'ils annoncent leurs convictions, ou plutôt qu'ils traduisent en atroce parricide les ardentes provocations que répètent tous les jours leurs gazettes et leurs assemblées.

Admirez le langage perfide de leurs orateurs. Ce n'est pas, disent-ils, le régime de 93 qu'ils veulent nous donner... on effraie nos imaginations, on calomnie leurs intentions philanthropiques.... la civilisation, ajoutent-ils, est trop avancée pour que la république ose relever les échafauds....

Eh! qui sont-ils donc ces nouveaux Solons, pour exiger de nous le sacrifice de ce que nous avons le bonheur de posséder, de la charte dont nous avons déjà senti la féconde influence! pourquoi veulent-ils que nous ajoutions foi à leurs paroles? de quel front osent-ils dire d'avance ce qui *sera* ou *ne sera pas?* Quelles vertus, quels talens les recommandent à la confiance ou à l'admiration des peuples? Athlètes impuissans et d'une taille trop mesquine pour une tâche gigantesque, quand ils auraient les meilleures intentions, pourraient-ils tenir contre la force envahissante du torrent révolutionnaire, qui les aura bientôt débordés....

des têtes bien plus fortes ont été entraînées dans l'abîme ! ne lisons-nous pas déjà sur les drapeaux rouges de leurs sections les noms des bourreaux de 93, et devons-nous attendre de la modération, de la justice, de l'humanité, un système quelconque d'administration, d'un parti qui se range sous de telles enseignes !

Ils se disent les amis exclusifs du *progrès*, et par la plus étrange contradiction ils s'en montrent les plus grands ennemis. Ils soutiennent un système absurde et impraticable de *république*, dont la tribune et le forum seraient à tous les coins des rues, sur tous les carrefours, en tous lieux où quelques audacieux réunis se croyant plus sages que les autres, ou ennuyés d'obéir, s'aviseraient de faire valoir à coups de fusil leur droit de souveraineté. Stationnaires opiniâtres, leur idée fixe est d'introduire en France la forme du gouvernement d'Athènes ou de Sparte, ou de quelques autres peuplades de la Grèce, qui ont fourni quelques belles pages à l'histoire, mais malgré de beaux traits de génie, de vertus, d'héroïsme, faute d'un lien commun pour les réunir, ont fini par s'éteindre, confondues dans le même esclavage. Placés au centre de la civilisation européenne, entourés d'empires et de royaumes puissans, jaloux de notre prospérité, toujours obligés d'être sur nos gardes contre leur politique envahissante, ridicules plagiaires de la Grèce ou de Rome, nous renoncerions aux *forces con-servatrices*, aux *puissantes garanties* de la monarchie constitutionnelle, pour y substituer un pouvoir exécutif électif, pomme continuelle de discordes! Deux ambitieux, dont l'un ne *vou-drait* pas *avoir d'égal*, l'autre ne voudrait pas être le *second dans Rome.* Une lutte sanglante s'élèverait alors... puis l'anarchie, l'invasion, et peut-être le sort de la Pologne!...

Voilà donc où tendent en définitif les rêves malencontreux de ces politiques rétrogrades, pour qui les immenses bienfaits, riches et incontestables résultats du gouvernement représentatif, sont comme s'ils n'existaient pas! Combien leur aveuglement est à plaindre! Puissent-ils ne pas faire partager leurs erreurs à cette *jeune France,* dont les ames pures et impressionnables seulement aux sentimens généreux ne sont pas encore garanties par l'expérience qu'on n'acquiert souvent qu'aux dépens de la vertu! C'est à cette classe intéressante, l'espoir de la patrie, et qui doit la transmettre un jour glorieuse et libre à une autre génération, que j'adresse ces paroles.... J'ai

vu fonder la république.... j'ai accueilli alors
avec un juvénile enthousiasme ses brillantes théories. Comme notre erreur était excusable alors!
les motifs, généreux; le but, sublime! que de talens, de vertus, d'héroïsme, se dévouaient alors
pour la servir! L'égoïsme, l'ambition, la cupidité
se sont jetés à travers d'un élan si généreux. De
cette époque si féconde en vertus et en crimes, en
gloire et en désastres, il nous est resté du moins
la salutaire leçon, que le gouvernement républi-
cain ne convient ni à nos mœurs, ni à notre civilisation avancée, ni à notre position en Europe;
qu'il importait à la tranquillité publique que le
pouvoir exécutif fût remis entre les mains d'une
famille, qui, l'ayant reçu par le choix et la confiance de la nation, se fît un devoir de la rendre
heureuse, ne pouvant l'être elle-même que de la
gloire et du bonheur de la France.

La monarchie constitutionnelle (telle que l'a
enfin posée parmi nous la révolution de Juillet),
institution merveilleuse des derniers âges, que
les anciens n'ont point connue, fut chez les mo-
dernes une des plus heureuses conséquences de
l'invention de l'imprimerie.

On ne peut méconnaître que la *république*
même ne soit en elle, mais elle y est *sans l'anarchie*

ni *les convulsions politiques* qui en sont insépa-
rables et surgissent, lorsque les ambitions parti-
culières se disputent le pouvoir. La *monarchie
constitutionnelle* est donc une garantie de *sta-
bilité*, d'*ordre* et de *force* pour les nations qui
l'ont adoptée; elles y retrouvent la sève de la jeu-
nesse; elles y sont comme retrempées, et par la
vigueur nouvelle qu'elles y puisent, elles offrent
un contraste frappant avec la fragilité et le peu
d'avenir des *républiques* et les dehors imposans,
mais souvent trompeurs, des *monarchies absolues*.
Malgré les perturbations causées chez nous par
une faction hostile, les bienfaits d'un Gouvernement favorable à toutes les industries, à toutes les
améliorations, parlent plus haut que toutes les
déclamations de ses ennemis. Le régime constitutionnel a obtenu en France l'assentiment général; c'est sous ses auspices que s'accomplira
la *fusion* des *partis*. Ce qu'il y a en Europe
d'hommes éclairés, de cœurs généreux, s'est déclaré pour ses doctrines. C'est ainsi qu'il exerce
une véritable et légitime *propagande*, pour laquelle il n'a pas à soudoyer d'émissaires secrets.
C'est par la persuasion qui résulte de ses heureux
effets, qu'il fondera cette *sainte alliance* des *peuples*, qui sera plus durable, plus féconde en bons

résultats pour l'humanité, que celle des rois absolus !

La restauration a méconnu le beau, le seul rôle qui pût lui convenir, lui acquérir une immense popularité en France et les respects de toute l'Europe, celui de *protectrice* des *États constitutionnels.* Elle aima mieux se traîner à la suite des gouvernemens absolus, dont elle ne pouvait même contenter toutes les exigences, sans renier son principe..... Elle mécontenta les Français offensés dans ce qu'ils avaient de plus sensible. De là les fautes graves et la chute d'un trône, qu'on aimait mieux devoir, après le *droit divin,* aux baïonnettes des étrangers, qu'à l'amour des peuples ! Le prince que nos suffrages ont placé sur le trône a compris sa noble vocation. Le roi des Français doit marcher à la tête des rois constitutionnels de l'Europe. Nous en voyons déjà l'heureux prélude dans la quadruple alliance de la France, de l'Angleterre, de l'Espagne et du Portugal. D'autres États viendront aussi se rallier sous l'oriflamme sacrée de la *régénération européenne.* Tous les jours l'absolutisme perdra du terrain, pourvu que nous sachions garder le *nôtre* sous l'*égide* des *lois.* L'avenir a bien des injustices à réparer, et renferme de *grandes primes* d'encouragement. Il n'est point de prodiges qu'on n'ait lieu d'espérer de cette grande et noble confédération des États constitutionnels! l'initiative sera venue de la France, et jamais nous n'aurons mieux honoré le *nom de nos ancêtres !*

Mais pour accomplir une si glorieuse destinée, il ne faut pas que le pays agité effraie et scandalise l'Europe par le spectacle de ses discordes; que la France détruise ainsi l'influence morale qu'elle doit exercer sur les nations. Leur confiance est acquise à nos institutions; elles s'introduisent de proche en proche chez nos voisins. Ils deviennent ainsi, sans pouvoir s'en rendre compte, eux-mêmes nos *alliés naturels*. Malgré les efforts contraires, cette alliance qui est dans les sympathies, passera dans les lois... Notre union, notre prospérité étendront partout nos pacifiques conquêtes. Celles-là n'ont point à craindre de réactions, elles n'humilient personne; elles excitent au contraire la reconnaissance et le respect. C'est par cette voie que s'accomplira peu à peu cette *perfectibilité* du genre humain; rêve sublime, qui occupait encore l'imagination de l'infortuné *Condorcet*, lorsque, tombé entre les mains de ceux qui l'avaient proscrit, il échappait par le *poison* à l'*échafaud....*

Français, qui aimez votre patrie, réunissez-vous autour du trône constitutionnel, faites servir au bien général vos lumières, vos talens; vos fortunes, votre courage. Notre pacte social, s'il est encore imparfait, s'améliorera avec notre éducation constitutionnelle. Soutenez, respectez le roi de votre choix, qui a juré, comme vous, fidélité à la charte, et qui a tenu ses sermens. Donnez-lui cette force morale, préférable à celle des baïonnettes; vos ennemis sont ceux qui, s'attachant à critiquer tout ce qui émane du pouvoir, cherchent à l'avilir, à le discréditer, à lui ôter l'affection des peuples, sans laquelle, pour un prince animé des plus nobles sentimens, la royauté n'est plus qu'un odieux fardeau. Le génie de la France, qui l'a sauvée si miraculeusement de tant de crises fatales, continuera à veiller sur ses destinées! Nous resterons fidèles à nos institutions. Les nations n'auront pas lieu de nous reprocher d'avoir trahi une cause sacrée et trompé l'espoir qu'elles ont mis en nous. Nous en avons pour garans le bon esprit qui anime toutes les classes des citoyens armés pour la défense de tout ce qu'ils ont de plus cher, le courage et le patriotisme pur et véritable de l'armée, dans laquelle nos ennemis cherchent en vain à faire entrer l'anar-

chie, l'union intime des chambres avec la monarchie de Juillet qui, fidèle au serment qu'elle a
juré en face de la nation, continuera à mériter
notre amour et nos respects.

Note. Je crois intéressant pour le lecteur de
lui donner, sur la monarchie constitutionnelle,
l'*extrait* d'un *ouvrage allemand* d'un publiciste
très-célèbre, *Staatsrecht der constitutionnellen
Monarchie, von Aretin; Altenburg* 1824. t. Ier,
pag. 8 (Droit public de la monarchie constitutionnelle) :

« Le principe conservateur du gouvernement
« représentatif est l'esprit de justice qu'il inspire
« à tous les citoyens. Le libre développement de
« toutes les forces physiques et morales, la sécu-
« rité de possession de la fortune acquise, ce droit
« qui élève l'ame, celui de faire soi-même ses lois,
« la certitude de n'être opprimé par personne,
« la jouissance d'une liberté définie par les lois,
« font naître cette *vertu civique* qui était con-
« sidérée autrefois comme le principe de la *ré-
« publique*. On peut appeler avec raison ce gou-
« vernement, la *monarchie* républicaine; et cette

« dénomination de *démocratie royale*, inventée
« par la malignité des ultra-royalistes, est, sous
« ce rapport, plutot un *éloge* qu'une *satire*.
« Avec lui, il n'est jamais question de violence
« ni d'illusion;.il laisse à chaque individualité
« un libre essor pour travailler et bien faire.
« Son but est d'établir l'égalité, et de faire dis-
« paraître la plus dangereuse des inégalités, celle
« de l'*instruction*, en la répandant de toutes ses
« forces, et en ouvrant à tous la carrière de la
« fortune et du mérite. Il s'applique à popula-
« riser dans toutes les classes l'esprit du travail,
« de l'ordre, de l'économie. Pour y réussir, il
« n'a pas besoin de la force. Il lui suffit de ne
« point favoriser les prétentions de la vanité, de
« ne point donner de *prime* à la richesse et au
« luxe, quand le mérite n'en relève pas l'éclat.
« C'est ainsi que ce gouvernement introduit dans
« les familles les vertus domestiques. Il élève les
« vues et le caractère des citoyens, par la parti-
« cipation qu'il leur accorde aux affaires. Un
« gouvernement populaire est intéressé à bannir
« l'erreur, à répandre partout des idées exactes.
« Il n'a pas besoin pour cela de soudoyer des
« écrivains. Il ne lui faut ni académie, ni jour-
« naux, ni censure; il laisse chacun dire et écrire

« ce qu'il veut, sachant que la vérité finit tou-
« jours par triompher, tant qu'elle peut être
« défendue à la *tribune* et par la *presse*. Il n'a
« rien à craindre d'aucun orateur ni écrivain,
« parce qu'il est fondé sur la justice, dont le
« sentiment vivra toujours dans le cœur des
« hommes. »

STRASBOURG, de l'imprimerie de F. G. LEVRAULT.